고사성어 따라쓰기 ㊤

愛國歌(애국가) 및 三綱五倫(삼강오륜)

愛國歌(애국가)

1. 동해(東海) 물과 백두산(白頭山)이 마르고 닳도록
   하느님이 보우(保佑)하사 우리나라 만세(萬歲)

   後斂(후렴)
   무궁화(無窮花) 삼천리(三千里) 화려강산(華麗江山)
   대한(大韓)사람 대한(大韓)으로 길이 보전(保全)하세

2. 남산(南山) 위에 저 소나무 철갑(鐵甲)을 두른 듯
   바람서리 불변(不變)함은 우리 기상(氣像)일세
   1번과 후렴 동일

3. 가을 하늘 공활(空豁)한데 높고 구름 없이
   밝은 달은 우리 가슴 일편단심(一片丹心)일세
   1번과 후렴 동일

4. 이 기상(氣像)과 이 맘으로 충성(忠誠)을 다하여
   괴로우나 즐거우나 나라 사랑하세
   1번과 후렴 동일

三綱五倫(삼강오륜)

三綱(삼강) : 도덕에서 기본이 되는 세 가지 큰 줄거리
- 君爲臣綱(군위신강) : **임금과 신하** 사이에는 법도가 있어야 하고,
- 父爲子綱(부위자강) : **아버지와 아들** 사이에는 법도가 있어야 하며,
- 夫爲婦綱(부위부강) : **남편과 아내** 사이에는 법도가 있어야 한다.

五倫(오륜) : 사람이 꼭 지켜야 할 다섯 가지 도리
- 父子有親(부자유친) : 아버지와 아들 사이에는 친함이 있어야 하고,
- 君臣有義(군신유의) : 임금과 신하 사이에는 의리가 있어야 하고,
- 夫婦有別(부부유별) : 남편과 아내 사이에는 다름이 있어야 하고,
- 長幼有序(장유유서) : 어른과 아이는 차례가 있어야 하며,
- 朋友有信(붕우유신) : 친구와 친구 사이에는 믿음이 있어야 한다.

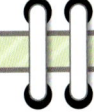

고사성어 따라쓰기 上

발 행 일	2019년 08월 10일 인쇄
	2019년 08월 15일 발행
저 자	권용선
발 행 인	배영순
발 행 처	홍익교육
주 소	경기도 광명시 광명동 877번길 한진상가 B동 309호
대표전화	02-2060-4011
홈페이지	www.ihanja.com
이메일 문의	ihanja@ihanja.com

출판등록 제2010-10호

ISBN 979-11-88505-11-1 13700
ISBN 979-11-88505-13-5 14700(세트)

정가: 13,000원

- 이 책의 어느 부분도 저작권자나 발행인의 승인없이 무단 복제하여 이용할 수 없습니다.
- 파본 및 낙장은 구입하신 서점에서 교환하여 드립니다.

이 도서의 국립중앙도서관 출판예정도서목록(CIP)은 서지정보유통지원시스템 홈페이지 (http://seoji.nl.go.kr)와 국가자료종합목록 구축시스템(http://kolis-net.nl.go.kr)에서 이용하실 수 있습니다. (CIP제어번호 : CIP2019026641)

머리말

　고사성어는 동양의 역사와 철학이 집약된 것으로 생각할 수 있다. 우리는 그 고사를 통하여 많은 것을 배우고 얻을 수가 있으며, 이 속에는 인간의 흥망성쇠와 처서, 사상, 운명, 윤리가 담겨 있다. 또한 해학과 풍자까지도 섞여 있어서 그 진가가 더욱더 빛을 발하는 말들이다.

　우리에게 있어서 고사는 서양문화의 그리스, 로마신화 이상일 수 있다. 이러한 정신적 바탕이 되었던 우리 문화의 뿌리를 우리는 서양문화의 홍수로 잠시 잊었고 멀리하는 듯 했었다.

　그러나 오늘의 우리는 잠시도 잊을 수 없는 소중한 문화유산임을 자각하고 '고사(故事)'와 우리 선조들이 많이 사용하던 '성어(成語)'들을 다시 힘써 익히려 하고 있으며, 각종 취직시험 출제에 필수적인 한 부분을 차지하게 이르렀다.

　이에 당사는 여기에 초점을 맞춰 알기 쉽고 휴대하기 편리하도록 상권, 하권으로 만들었으며, 내용도 재미있는 만화와 획순을 보고 따라 써 보도록 하였다.

　독자 여러분의 유익한 성과를 기대하면서 아이한자의 한자 관련 도서를 애용하는 것에 대하여 깊은 감사를 전한다.

2019년 弘益教育 善海 權容璿(권용선)

차례

등장인물 : 악동이, 악녀, 슬림이, 석찬이, 찬호, 아버지, 어머니, 선생님, 기타

[가]

1회 　佳人薄命(가인박명) • 8
2회 　刻骨難忘(각골난망) • 10
3회 　甘言利說(감언이설) • 12
4회 　甲論乙駁(갑론을박) • 14
5회 　隔世之感(격세지감) • 16
6회 　犬猿之間(견원지간) • 18
7회 　結草報恩(결초보은) • 20
8회 　傾國之色(경국지색) • 22
9회 　鷄口牛後(계구우후) • 24
10회 　鷄肋(계륵) • 26
11회 　骨肉相殘(골육상잔) • 28
12회 　公明正大(공명정대) • 30
13회 　過猶不及(과유불급) • 32
14회 　九死一生(구사일생) • 34
15회 　群鷄一鶴(군계일학) • 36
16회 　權謀術數(권모술수) • 38
17회 　錦上添花(금상첨화) • 40
18회 　金枝玉葉(금지옥엽) • 42

[나]

19회 　難攻不落(난공불락) • 44
20회 　內憂外患(내우외환) • 46
21회 　累卵之危(누란지위) • 48

[다]

22회 　多事多難(다사다난) • 50
23회 　獨不將軍(독불장군) • 52
24회 　同價紅裳(동가홍상) • 54
25회 　東問西答(동문서답) • 56
26회 　東奔西走(동분서주) • 58
27회 　杜門不出(두문불출) • 60
28회 　燈下不明(등하불명) • 62

[마]

29회 　馬耳東風(마이동풍) • 64
30회 　莫逆之友(막역지우) • 66
31회 　萬壽無疆(만수무강) • 68
32회 　孟母三遷之敎(맹모삼천지교) • 70
33회 　名實相符(명실상부) • 72
34회 　矛盾(모순) • 74
35회 　目不忍見(목불인견) • 76
36회 　無不通知(무불통지) • 78
37회 　無用之物(무용지물) • 80
38회 　無知蒙昧(무지몽매) • 82
39회 　聞一知十(문일지십) • 84
40회 　美辭麗句(미사여구) • 86

[바]

41회 拔本塞源(발본색원) • 88
42회 背恩忘德(배은망덕) • 90
43회 白骨難忘(백골난망) • 92
44회 百年大計(백년대계) • 94
45회 白眉(백미) • 96
46회 夫唱婦隨(부창부수) • 98
47회 粉骨碎身(분골쇄신) • 100
48회 不問可知(불문가지) • 102
49회 氷炭之間(빙탄지간) • 104

[사]

50회 四分五裂(사분오열) • 106
51회 蛇足(사족) • 108
52회 死後藥方文(사후약방문) • 110
53회 山海珍味(산해진미) • 112
54회 森羅萬象(삼라만상) • 114
55회 三尺童子(삼척동자) • 116
56회 先見之明(선견지명) • 118
57회 束手無策(속수무책) • 120
58회 袖手傍觀(수수방관) • 122
59회 脣亡齒寒(순망치한) • 124
60회 識字憂患(식자우환) • 126
61회 深思熟考(심사숙고) • 128
62회 十中八九(십중팔구) • 130

[아]

63회 我田引水(아전인수) • 132
64회 藥房甘草(약방감초) • 134
65회 羊頭狗肉(양두구육) • 136
66회 良藥苦口(양약고구) • 138
67회 漁父之利(어부지리) • 140
68회 言中有骨(언중유골) • 142
69회 易地思之(역지사지) • 144
70회 連戰連勝(연전연승) • 146
71회 寤寐不忘(오매불망) • 148
72회 烏飛梨落(오비이락) • 150
73회 吳越同舟(오월동주) • 152
74회 溫故知新(온고지신) • 154
75회 外柔內剛(외유내강) • 156
76회 窈窕淑女(요조숙녀) • 158
77회 右往左往(우왕좌왕) • 160
78회 雨後竹筍(우후죽순) • 162
79회 有口無言(유구무언) • 164
80회 有備無患(유비무환) • 166
81회 一魚濁水(일어탁수) • 168
82회 一場春夢(일장춘몽) • 170
83회 一攫千金(일확천금) • 172
84회 臨戰無退(임전무퇴) • 174

[자]

85회 自繩自縛(자승자박) • 176
86회 自中之亂(자중지란) • 178
87회 自畵自讚(자화자찬) • 180
88회 賊反荷杖(적반하장) • 182
89회 適材適所(적재적소) • 184
90회 前無後無(전무후무) • 186
91회 轉禍爲福(전화위복) • 188
92회 切齒腐心(절치부심) • 190
93회 井底之蛙(정저지와) • 192
94회 朝三暮四(조삼모사) • 194
95회 坐井觀天(좌정관천) • 196
96회 走馬看山(주마간산) • 198
97회 衆寡不敵(중과부적) • 200
98회 至誠感天(지성감천) • 202
99회 知彼知己(지피지기) • 204

[차]

100회 天高馬肥(천고마비) • 206
101회 千載一遇(천재일우) • 208
102회 七顚八起(칠전팔기) • 210

[카]

103회 快刀亂麻(쾌도난마) • 212

[타]

104회 貪官汚吏(탐관오리) • 214
105회 兎死狗烹(토사구팽) • 216

[파]

106회 表裏不同(표리부동) • 218

[하]

107회 鶴首苦待(학수고대) • 220
108회 虛心坦懷(허심탄회) • 222
109회 賢母良妻(현모양처) • 224
110회 螢雪之功(형설지공) • 226
111회 虎死留皮(호사유피) • 228
112회 紅一點(홍일점) • 230
113회 畵中之餅(화중지병) • 232
114회 厚顔無恥(후안무치) • 234

만화
고사성어

佳人薄命 가인박명

佳人薄命
가인박명
① 아름다운 여자는 불행이 많다는 말
② 사람이 다 좋은 것만 갖추지 못함을 이르는 말

佳	人	薄	命
아름다울 가	사람 인	엷은 박	목숨 명

확인학습

佳	佳	佳	佳				
아름다울가							
人	人	人	人				
사람인							
薄	薄	薄	薄				
엷은박							
命	命	命	命				
목숨명							

佳	人	薄	命				
佳	人	薄	命				
佳	人	薄	命				
佳	人	薄	命				

刻骨難忘 각골난망

刻骨難忘
각골난망
베풀어 준 은혜에 대한 고마움이 뼈에 새겨져 잊혀지지 않을 정도로 감사함을 이르는 말

刻	骨	難	忘
새길 각	뼈 골	어려울 난	잊을 망

# 확인학습

 월 일 요일

刻	刻	刻	刻			
새길**각**						
骨	骨	骨	骨			
뼈**골**						
難	難	難	難			
어려울**난**						
忘	忘	忘	忘			
잊을**망**						

刻	骨	難	忘			
刻	骨	難	忘			
刻	骨	難	忘			
刻	骨	難	忘			

甘言利說 감언이설

甘言利說
감언이설
① 귀가 솔깃하도록 남의 비위를 맞추거나 이로운 조건을 내세워 꾀는 말
② 달콤한 말

甘	言	利	說
달감	말씀언	이로울리	말씀설

甘	言	利	說

 ## 확인학습

甘	甘	甘	甘				
달감							
言	言	言	言				
말씀언							
利	利	利	利				
이로울리							
說	說	說	說				
말씀설							

甘	言	利	說				
甘	言	利	說				
甘	言	利	說				
甘	言	利	說				

甲論乙駁 갑론을박

甲論乙駁 갑론을박	여러 사람이 서로 자신의 주장을 내세우며 상대편의 주장을 반박함

갑옷**갑** / 논의할**론** / 새**을** / 논박할/얼룩말**박**

확인학습

甲	甲	甲	甲			
갑옷갑						
論	論	論	論			
논의할론						
乙	乙	乙	乙			
새을						
駁	駁	駁	駁			
논박할/얼룩말박						

甲	論	乙	駁			
甲	論	乙	駁			
甲	論	乙	駁			
甲	論	乙	駁			

隔世之感 격세지감

隔世之感 격세지감 : 오래지 않은 동안에 몰라보게 변하여 아주 다른 세상이 된 것 같은 느낌

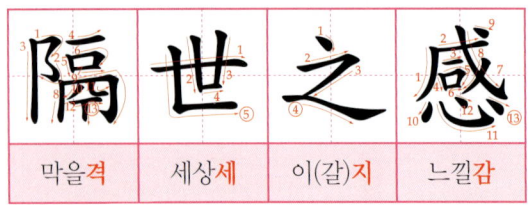

막을 **격** / 세상 **세** / 이(갈) **지** / 느낄 **감**

 확인학습

隔	隔	隔	隔				
막을격							
世	世	世	世				
세상세							
之	之	之	之				
이(갈)지							
感	感	感	感				
느낄감							

隔	世	之	感				
隔	世	之	感				
隔	世	之	感				
隔	世	之	感				

犬猿之間 견원지간

犬猿之間 견 원 지 간	개와 원숭이의 사이라는 뜻으로 사이가 매우 나쁜 두 사람의 관계를 비유적으로 이르는 말

犬	猿	之	間
개**견**	원숭이**원**	이(갈)**지**	사이**간**

 **확인학습** 월 일 요일

犬	犬	犬	犬				
개견							
猿	猿	猿	猿				
원숭이원							
之	之	之	之				
이(갈)지							
間	間	間	間				
사이간							

犬	猿	之	間				
犬	猿	之	間				
犬	猿	之	間				
犬	猿	之	間				

結草報恩 결초보은

結草報恩 결초보은
죽은 뒤에라도 은혜를 잊지 않고 갚음을 이르는 말. 중국 춘추시대에 진나라의 위과가 아버지가 세상을 떠난 후에 서모를 개가시켜 순사하지 않게 하였더니 그 뒤 싸움터에서 그 서모 아버지의 혼이 적군의 앞길에 풀을 묶어 적을 넘어뜨려 위과가 공을 세울 수 있도록 하였다는 고사에서 유래

結	草	報	恩
맺을 결	풀 초	갚을 보	은혜 은

 **확인학습**

結	結	結	結				
맺을결							
草	草	草	草				
풀초							
報	報	報	報				
갚을보							
恩	恩	恩	恩				
은혜은							

結	草	報	恩				
結	草	報	恩				
結	草	報	恩				
結	草	報	恩				

傾國之色 경국지색

傾國之色 경국지색	임금이 혹하여 나라가 기울어져도 모를 정도의 미인이라는 뜻으로 뛰어나게 아름다운 미인을 이르는 말

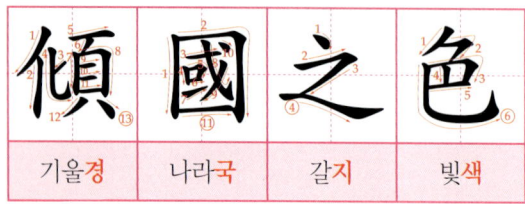
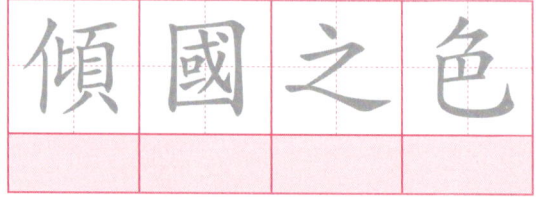

 **확인학습**

傾	傾	傾	傾				
기울경							
國	國	國	國				
나라국							
之	之	之	之				
갈지							
色	色	色	色				
빛색							

傾	國	之	色				
傾	國	之	色				
傾	國	之	色				
傾	國	之	色				

鷄口牛後 계구우후

鷄口牛後
계구우후 　닭의 주둥이와 소의 꼬리라는 뜻으로 큰 단체의 꼴찌보다는 작은 단체의 우두머리가 되는 것이 나음을 이르는 말

鷄	口	牛	後
닭 계	입 구	소 우	뒤 후

확인학습

鷄	鷄	鷄	鷄				
닭계							
口	口	口	口				
입구							
牛	牛	牛	牛				
소우							
後	後	後	後				
뒤후							

鷄	口	牛	後				
鷄	口	牛	後				
鷄	口	牛	後				
鷄	口	牛	後				

鷄肋 계륵

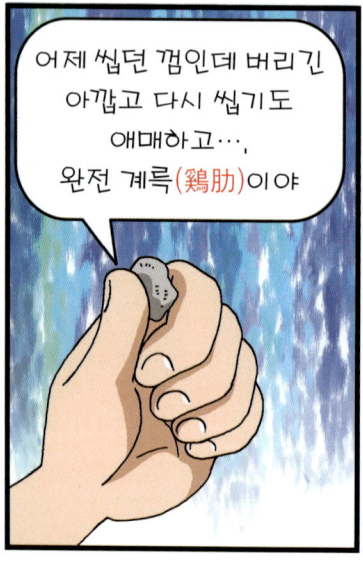

鷄肋 계륵	삼국지에 나오는 조조의 한중정벌에서 유래된 말로 닭의 갈비가 먹을 것은 없으나 버리기는 아깝다는 뜻으로, 버리기도 아깝고 취하기도 애매한 물건을 이르는 말

닭**계** 갈빗대**륵**

 ## 확인학습

鷄	鷄	鷄	鷄				
닭**계**							
肋	肋	肋	肋				
갈빗대**륵**							

鷄	肋						
鷄	肋						
鷄	肋						
鷄	肋						
鷄	肋						
鷄	肋						

骨肉相殘 골육상잔

骨肉相殘
골육상잔
부자나 형제 또는 같은 민족 간에 서로 싸우는 것을 비유적으로 이르는 말

骨	肉	相	殘	骨	肉	相	殘
뼈골	고기육	서로상	남을잔				

 **확인학습**

骨	骨	骨	骨				
뼈 골							
肉	肉	肉	肉				
고기 육							
相	相	相	相				
서로 상							
殘	殘	殘	殘				
남을 잔							

骨	肉	相	殘				
骨	肉	相	殘				
骨	肉	相	殘				
骨	肉	相	殘				

公明正大 공명정대

公明正大 공명정대 마음이 공평하고 사심이 없으며 밝고 큼을 나타내는 말

公	明	正	大
공평할 공	밝을 명	바를 정	큰 대

확인학습

公	公	公	公				
공평할공							
明	明	明	明				
밝을명							
正	正	正	正				
바를정							
大	大	大	大				
큰대							

公	明	正	大				
公	明	正	大				
公	明	正	大				
公	明	正	大				

過猶不及 과유불급

過猶不及
과유불급 — 정도를 지나침은 미치지 못함과 같다는 뜻으로, 중용(中庸)이 중요함을 이르는 말

過	猶	不	及
지날 과	오히려 유	아닐 불	미칠 급

 확인학습

過	過	過	過			
지날과						
猶	猶	猶	猶			
오히려유						
不	不	不	不			
아닐불						
及	及	及	及			
미칠급						

過	猶	不	及			
過	猶	不	及			
過	猶	不	及			
過	猶	不	及			

九死一生 구사일생

九死一生 구사일생	아홉 번 죽을 뻔하다 한 번 살아난다는 뜻으로, 죽을 고비를 여러 차례 넘기고 겨우 살아남을 이르는 말

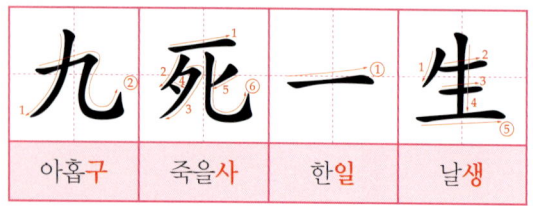

확인학습

九	九	九	九					
아홉 구								
死	死	死	死					
죽을 사								
一	一	一	一					
한 일								
生	生	生	生					
날 생								

九	死	一	生					
九	死	一	生					
九	死	一	生					
九	死	一	生					

群鷄一鶴 군계일학

群鷄一鶴 군계일학	닭의 무리 가운데에서 한 마리의 학이란 뜻으로, 많은 사람 가운데서 뛰어난 인물을 이르는 말

群	鷄	一	鶴
무리군	닭계	한일	학학

群	鷄	一	鶴

 확인학습

群	群	群	群				
무리 군							
鷄	鷄	鷄	鷄				
닭 계							
一	一	一	一				
한 일							
鶴	鶴	鶴	鶴				
학 학							

群	鷄	一	鶴				
群	鷄	一	鶴				
群	鷄	一	鶴				
群	鷄	一	鶴				

權謀術數 권모술수

權謀術數 권모술수	목적 달성을 위하여 수단과 방법을 가리지 아니하는 온갖 모략이나 술책을 이르는 말

權	謀	術	數
권세권	꾀모	재주술	셈수

權	謀	術	數

 ## 확인학습

 월 일 요일

權	權	權	權				
권세**권**							
謀	謀	謀	謀				
꾀**모**							
術	術	術	術				
재주**술**							
數	數	數	數				
셈**수**							

權	謀	術	數				
權	謀	術	數				
權	謀	術	數				
權	謀	術	數				

錦上添花 금상첨화

錦上添花 금상첨화 비단 위에 꽃을 더한다는 뜻으로, 좋은 일 위에 또 좋은 일이 더하여짐을 비유적으로 이르는 말

錦	上	添	花
비단 금	윗 상	더할 첨	꽃 화

확인학습

 월 일 요일

錦	錦	錦	錦				
비단 금							
上	上	上	上				
윗 상							
添	添	添	添				
더할 첨							
花	花	花	花				
꽃 화							

錦	上	添	花				
錦	上	添	花				
錦	上	添	花				
錦	上	添	花				

金枝玉葉 금지옥엽

金枝玉葉 금지옥엽	금으로 된 가지와 옥으로 된 잎이라는 뜻으로, 임금의 자손이나 매우 귀한 집의 자손을 이르는 말

金	枝	玉	葉
쇠금	가지지	구슬옥	잎엽

金	枝	玉	葉

 ## 확인학습

金	金	金	金			
쇠금						
枝	枝	枝	枝			
가지지						
玉	玉	玉	玉			
구슬옥						
葉	葉	葉	葉			
잎엽						

金	枝	玉	葉			
金	枝	玉	葉			
金	枝	玉	葉			
金	枝	玉	葉			

難攻不落 난공불락

難攻不落 난공불락	힘써 공격해도 함락되지 않는 것을 뜻하며, 어떤 일을 성취하기 어려운 경우를 말함

難	攻	不	落
어려울 난	칠 공	아닐 불	떨어질 락

難	攻	不	落

 **확인학습**

難	難	難	難				
어려울**난**							
攻	攻	攻	攻				
칠**공**							
不	不	不	不				
아닐**불**							
落	落	落	落				
떨어질**락**							

難	攻	不	落				
難	攻	不	落				
難	攻	不	落				
難	攻	不	落				

内憂外患 내우외환

内憂外患 내우외환 내부에서 일어나는 근심과 외부로부터 받은 근심이라는 뜻으로, 나라 안팎의 여러 가지 어려운 일을 이르는 말

内	憂	外	患
안 내	근심 우	바깥 외	근심 환

 **확인학습**

內	內	內	內			
안내						
憂	憂	憂	憂			
근심우						
外	外	外	外			
바깥외						
患	患	患	患			
근심환						

內	憂	外	患			
內	憂	外	患			
內	憂	外	患			
內	憂	外	患			

累卵之危 누란지위

累卵之危 누란지위	층층이 쌓아 놓은 알의 위태로움이라는 뜻으로, 몹시 아슬아슬한 위기를 비유적으로 이르는 말

累	卵	之	危		累	卵	之	危
묶을 누	알 란	갈 지	위태할 위					

 확인학습

累	累	累	累			
묶을 누						
卵	卵	卵	卵			
알 란						
之	之	之	之			
갈 지						
危	危	危	危			
위태할 위						

累	卵	之	危			
累	卵	之	危			
累	卵	之	危			
累	卵	之	危			

多事多難 다사다난

多事多難 다사다난	여러 가지 일도 많고 어려움이나 탈도 많음을 나타내는 말

많을**다** · 일**사** · 많을**다** · 어려울**난**

 ## 확인학습

多	多	多	多				
많을다							
事	事	事	事				
일사							
多	多	多	多				
많을다							
難	難	難	難				
어려울난							

多	事	多	難				
多	事	多	難				
多	事	多	難				
多	事	多	難				

獨不將軍 독불장군

獨不將軍
독불장군

무슨 일이든 자기 생각대로 혼자서 처리하는 사람. 또는 혼자서는 장군이 될 수 없다는 뜻으로, 남과 의논하여 협조하여야 함을 이르는 말

獨	不	將	軍
홀로독	아닐불	장수장	군사군

 확인학습

獨	獨	獨	獨				
홀로독							
不	不	不	不				
아닐불							
將	將	將	將				
장수장							
軍	軍	軍	軍				
군사군							

獨	不	將	軍				
獨	不	將	軍				
獨	不	將	軍				
獨	不	將	軍				

同價紅裳 동가홍상

同價紅裳 동가홍상	같은 값이면 다홍치마라는 뜻으로, 같은 값이면 좋은 물건을 가짐을 이르는 말

同 한가지동 價 값가 紅 붉을홍 裳 치마상

확인학습

同	同	同	同			
한가지동						
價	價	價	價			
값가						
紅	紅	紅	紅			
붉을홍						
裳	裳	裳	裳			
치마상						

同	價	紅	裳			
同	價	紅	裳			
同	價	紅	裳			
同	價	紅	裳			

東問西答 동문서답

東問西答
동문서답 | 동쪽을 묻는데 서쪽을 대답한다는 뜻으로, 묻는 말에 대하여 전혀 엉뚱한 대답을 이르는 말

東	問	西	答
동녘 동	물을 문	서녘 서	대답 답

 **확인학습**

東	東	東	東				
동녘동							
問	問	問	問				
물을문							
西	西	西	西				
서녘서							
答	答	答	答				
대답답							

東	問	西	答
東	問	西	答
東	問	西	答
東	問	西	答

東奔西走 동분서주

東奔西走 동 분 서 주	동쪽으로 뛰고 서쪽으로 뛴다는 뜻으로, 사방으로 이리저리 몹시 바쁘게 돌아다님을 이르는 말

東	奔	西	走
동녘동	달릴분	서녘서	달릴주

 確認學習 월 일 요일

東	東	東	東			
동녘**동**						
奔	奔	奔	奔			
달릴**분**						
西	西	西	西			
서녘**서**						
走	走	走	走			
달릴**주**						

東	奔	西	走			
東	奔	西	走			
東	奔	西	走			
東	奔	西	走			

杜門不出 두문불출

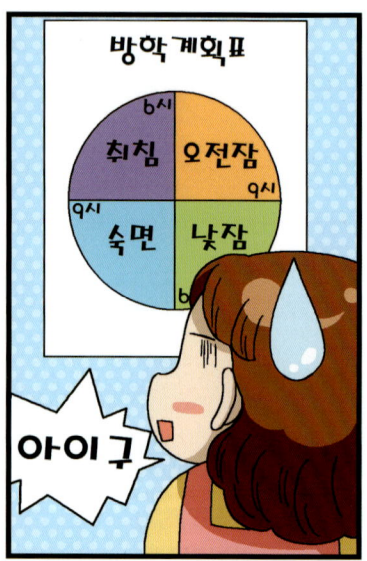

杜門不出 두문불출	문을 닫고 나가지 않는다는 뜻으로, 집에만 틀어박혀 사회의 일이나 관직에 나아가지 않음을 이르는 말

杜	門	不	出
막을 두	문 문	아닐 불	날 출

杜	門	不	出

 ## 확인학습

杜	杜	杜	杜				
막을두							
門	門	門	門				
문문							
不	不	不	不				
아닐불							
出	出	出	出				
날출							

杜	門	不	出				
杜	門	不	出				
杜	門	不	出				
杜	門	不	出				

燈下不明 등하불명

燈下不明 등하불명	등잔 밑이 어둡다는 뜻으로, 가까이에 있는 물건이나 사람을 잘 찾지 못함을 이르는 말

燈	下	不	明
등 등	아래 하	아닐 불	밝을 명

확인학습

燈	燈	燈	燈				
등 등							
下	下	下	下				
아래 하							
不	不	不	不				
아닐 불							
明	明	明	明				
밝을 명							

燈	下	不	明				
燈	下	不	明				
燈	下	不	明				
燈	下	不	明				

馬耳東風 마이동풍

馬耳東風
마 이 동 풍
말의 귀에 동풍이 불어도 아랑곳하지 아니한다는 뜻으로, 남의 말을 귀담아 듣지 아니하고 지나쳐 흘려 버림을 이르는 말. 이백의 시에서 유래

馬	耳	東	風
말마	귀이	동녘동	바람풍

확인학습

馬	馬	馬	馬			
말마						
耳	耳	耳	耳			
귀이						
東	東	東	東			
동녘동						
風	風	風	風			
바람풍						

馬	耳	東	風			
馬	耳	東	風			
馬	耳	東	風			
馬	耳	東	風			

莫逆之友 막역지우

莫逆之友 막 역 지 우	마음이 맞아 서로 거스르는 일이 없는 생사를 같이 할 수 있는 친밀한 벗을 이르는 말

없을 막	거스릴 역	갈 지	벗 우

확인학습

莫	莫	莫	莫				
없을막							
逆	逆	逆	逆				
거스릴역							
之	之	之	之				
갈지							
友	友	友	友				
벗우							

莫	逆	之	友				
莫	逆	之	友				
莫	逆	之	友				
莫	逆	之	友				

萬壽無疆 만수무강

萬壽無疆 만수무강	아무런 탈 없이 아주 오래 삶. 또는 장수하기를 비는 말

萬	壽	無	疆
일만**만**	목숨**수**	없을**무**	지경**강**

 ## 확인학습

萬	萬	萬	萬			
일만만						
壽	壽	壽	壽			
목숨수						
無	無	無	無			
없을무						
疆	疆	疆	疆			
지경강						

萬	壽	無	疆			
萬	壽	無	疆			
萬	壽	無	疆			
萬	壽	無	疆			

孟母三遷之敎 맹모삼천지교

孟母三遷之敎 맹모삼천지교
맹자가 어렸을 때 묘지 가까이 살았더니 장사 지내는 흉내를 내기에, 맹자 어머니가 집을 시전 근처로 옮겼더니 이번에는 물건 파는 흉내를 내므로, 다시 글방이 있는 곳으로 옮겨 공부를 시켰다는 것으로, 맹자의 어머니가 아들을 가르치기 위하여 세 번이나 이사를 하였음을 이르는 말

孟	母	三	遷	之	敎
맏맹	어미모	석삼	옮길천	갈지	가르칠교

확인학습

孟	孟	孟	孟			
맏맹						
母	母	母	母			
어미모						
三	三	三	三			
석삼						
遷	遷	遷	遷			
옮길천						
之	之	之	之			
갈지						
敎	敎	敎	敎			
가르칠교						

孟	母	三	遷	之	敎
孟	母	三	遷	之	敎

名實相符 명실상부

名實相符 명실상부 이름과 실상이 서로 꼭 맞음을 이르는 말

名	實	相	符
이름 명	열매 실	서로 상	부호 부

확인학습

名	名	名	名			
이름 명						
實	實	實	實			
열매 실						
相	相	相	相			
서로 상						
符	符	符	符			
부호 부						

名	實	相	符			
名	實	相	符			
名	實	相	符			
名	實	相	符			

34 矛盾 모순

矛盾
모순
① 어떤 사실의 앞뒤 ② 두 사실이 이치상 어긋나서 서로 맞지 않음을 이르는 말

矛 창모 盾 방패순

 ## 확인학습

矛	矛	矛	矛				
창모							
盾	盾	盾	盾				
방패순							

矛	盾						
矛	盾						
矛	盾						
矛	盾						
矛	盾						
矛	盾						

目不忍見 목불인견

헉~, 이런 참혹한 광경이 있나! 목불인견(目不忍見)이군.

교통사고 현장을 몇 번 목격하긴 했지만…, 지금과 같이 참혹한 광경은 처음이야.

맞아, 목불인견(目不忍見)이야, 차마 눈 뜨고 볼 수가 없군.

세상에,, 자기 자동차를 밟다니!

目不忍見 목불인견 — 눈앞에 벌어진 상황 따위를 눈 뜨고는 차마 볼 수 없음을 이르는 말

目	不	忍	見
눈목	아닐불	참을인	볼견

확인학습

目	目	目	目				
눈목							
不	不	不	不				
아닐불							
忍	忍	忍	忍				
참을인							
見	見	見	見				
볼견							

目	不	忍	見				
目	不	忍	見				
目	不	忍	見				
目	不	忍	見				

無不通知 무불통지

無不通知
무불통지 무슨 일이든지 환히 통하여 모르는 것이 없음을 이르는 말

無	不	通	知	無	不	通	知
없을무	아닐불	통할통	알지				

 **확인학습**

無	無	無	無			
없을 무						
不	不	不	不			
아닐 불						
通	通	通	通			
통할 통						
知	知	知	知			
알 지						

無	不	通	知			
無	不	通	知			
無	不	通	知			
無	不	通	知			

無用之物 무용지물

無用之物 무용지물	아무 소용이 없는 물건이나 아무짝에도 쓸데없는 사람을 이르는 말

無	用	之	物
없을 무	쓸 용	갈 지	물건 물

 **확인학습**

無	無	無	無				
없을무							
用	用	用	用				
쓸용							
之	之	之	之				
갈지							
物	物	物	物				
물건물							

無	用	之	物
無	用	之	物
無	用	之	物
無	用	之	物

無知蒙昧 무지몽매

無知蒙昧	아는 것이 없고 사리에 어두움을 이르는 말
무지몽매	

없을 무 · 알 지 · 어두울 몽 · 어두울 매

확인학습

無	無	無	無			
없을무						
知	知	知	知			
알지						
蒙	蒙	蒙	蒙			
어두울몽						
昧	昧	昧	昧			
어두울매						

無	知	蒙	昧			
無	知	蒙	昧			
無	知	蒙	昧			
無	知	蒙	昧			

聞一知十 문일지십

聞一知十 문일지십	하나를 듣고 열 가지를 미루어 안다는 뜻으로, 지극히 총명함을 이르는 말

聞	一	知	十	聞	一	知	十
들을문	한일	알지	열십				

확인학습

聞	聞	聞	聞				
들을문							
一	一	一	一				
한일							
知	知	知	知				
알지							
十	十	十	十				
열십							

聞	一	知	十				
聞	一	知	十				
聞	一	知	十				
聞	一	知	十				

美辭麗句 미사여구

美辭麗句
미사여구
① 아름다운 말과 글귀라는 뜻으로, 아름다운 문장(文章)
② 아름다운 말로 꾸민 듣기 좋은 글귀를 이르는 말

美	辭	麗	句
아름다울미	말씀사	고울여	글귀구

# 확인학습

美	美	美	美					
아름다울미								
辭	辭	辭	辭					
말씀사								
麗	麗	麗	麗					
고울여								
句	句	句	句					
글귀구								

美	辭	麗	句					
美	辭	麗	句					
美	辭	麗	句					
美	辭	麗	句					

拔本塞源 발본색원

拔本塞源 발본색원 좋지 않은 일의 근본 원인이 되는 요소를 완전히 없애 버려서 다시는 그러한 일이 생길 수 없도록 함

拔	本	塞	源
뽑을 발	근본 본	막힐 색	근원 원

拔 本 塞 源

# 확인학습

拔	拔	拔	拔				
뽑을발							
本	本	本	本				
근본본							
塞	塞	塞	塞				
막힐색							
源	源	源	源				
근원원							

拔	本	塞	源				
拔	本	塞	源				
拔	本	塞	源				
拔	本	塞	源				

背恩忘德 배은망덕

背恩忘德
배은망덕   ① 남에게 입은 은덕을 저버리고 배신함 ② 그런 태도가 있음을 이르는 말

背	恩	忘	德
등배	은혜은	잊을망	큰덕

확인학습

背	背	背	背			
등배						
恩	恩	恩	恩			
은혜은						
忘	忘	忘	忘			
잊을망						
德	德	德	德			
큰덕						

背	恩	忘	德			
背	恩	忘	德			
背	恩	忘	德			
背	恩	忘	德			

白骨難忘 백골난망

白骨難忘 백골난망	죽어서 백골이 되어도 잊을 수 없다는 뜻으로, 남에게 큰 은덕을 입었을 때 고마움의 뜻으로 이르는 말

白	骨	難	忘	白	骨	難	忘
흰백	뼈골	어려울난	잊을망				

확인학습

白	白	白	白					
흰백								
骨	骨	骨	骨					
뼈골								
難	難	難	難					
어려울난								
忘	忘	忘	忘					
잊을망								

白	骨	難	忘					
白	骨	難	忘					
白	骨	難	忘					
白	骨	難	忘					

百年大計 백년대계

百年大計 백년대계 먼 앞날까지 미리 내다보고 세우는 크고 중요한 계획을 나타내는 말

百(일백 백) 年(해 년) 大(큰 대) 計(셀 계)

확인학습

百	百	百	百				
일백백							
年	年	年	年				
해년							
大	大	大	大				
큰대							
計	計	計	計				
셀계							

百	年	大	計				
百	年	大	計				
百	年	大	計				
百	年	大	計				

白眉 백미

白眉
백미

흰 눈썹이라는 뜻으로, 여럿 가운데에서 가장 뛰어난 사람이나 훌륭한 물건을 비유적으로 이르는 말. 중국 촉한(蜀漢) 때 마씨(馬氏)의 다섯 형제가 모두 재주가 있었는데 그중에서도 눈썹 속에 흰 털이 난 마량(馬良)이 가장 뛰어났다는 데서 유래

흰백	눈썹미						

 **확인학습**

白	白	白	白				
흰백							
眉	眉	眉	眉				
눈썹미							

白	眉						
白	眉						
白	眉						
白	眉						
白	眉						
白	眉						

夫唱婦隨 부창부수

夫唱婦隨 부창부수 ① 남편이 주장하고 아내가 이에 잘 따름 ② 부부 사이의 그런 도리

夫	唱	婦	隨
지아비 부	부를 창	며느리 부	따를 수

 확인학습

夫	夫	夫	夫				
지아비부							
唱	唱	唱	唱				
부를창							
婦	婦	婦	婦				
며느리부							
隨	隨	隨	隨				
따를수							

夫	唱	婦	隨				
夫	唱	婦	隨				
夫	唱	婦	隨				
夫	唱	婦	隨				

粉骨碎身 분골쇄신

粉骨碎身
분골쇄신
① 뼈가 가루가 되고 몸이 부서진다는 뜻으로, 있는 힘을 다해 노력함
② 남을 위하여 수고를 아끼지 않음을 이르는 말

粉	骨	碎	身
가루분	뼈골	부술쇄	몸신

 **확인학습**

粉	粉	粉	粉				
가루 분							
骨	骨	骨	骨				
뼈 골							
碎	碎	碎	碎				
부술 쇄							
身	身	身	身				
몸 신							

粉	骨	碎	身				
粉	骨	碎	身				
粉	骨	碎	身				
粉	骨	碎	身				

不問可知 불문가지

不問可知
불문가지 — 묻지 않아도 옳고 그름을 알 수 있음을 이르는 말

不	問	可	知
아닐 불	물을 문	옳을 가	알 지

확인학습

不	不	不	不					
아닐불								
問	問	問	問					
물을문								
可	可	可	可					
옳을가								
知	知	知	知					
알지								

不	問	可	知					
不	問	可	知					
不	問	可	知					
不	問	可	知					

氷炭之間 빙탄지간

氷炭之間 빙탄지간	얼음과 숯불 사이의 관계를 뜻하는 말로, 사물이 서로 화합할 수 없는 것을 이르는 말

氷	炭	之	間
얼음빙	숯탄	갈지	사이간

확인학습

氷	氷	氷	氷				
얼음빙							
炭	炭	炭	炭				
숯탄							
之	之	之	之				
갈지							
間	間	間	間				
사이간							

氷	炭	之	間				
氷	炭	之	間				
氷	炭	之	間				
氷	炭	之	間				

四分五裂 사분오열

四分五裂 사분오열	네 갈래 다섯 갈래로 나눠지고 찢어진다는 뜻으로, 여러 갈래로 갈기갈기 찢어짐을 이르는 말

四	分	五	裂
넉 사	나눌 분	다섯 오	찢을 열

 확인학습

四	四	四	四			
넉사						
分	分	分	分			
나눌분						
五	五	五	五			
다섯오						
裂	裂	裂	裂			
찢을열						

四	分	五	裂			
四	分	五	裂			
四	分	五	裂			
四	分	五	裂			

蛇足 사족

蛇足 사족 — 뱀의 발을 뜻한 것으로, 불필요하게 군더더기를 붙이는 것을 이르는 말

蛇 뱀사　足 발족

蛇足　蛇足　蛇足

확인학습

蛇	蛇	蛇	蛇					
뱀사								
足	足	足	足					
발족								

蛇	足							
蛇	足							
蛇	足							
蛇	足							
蛇	足							
蛇	足							

死後藥方文 사후약방문

死後藥方文
사후약방문 — 죽은 다음에 약방문을 쓴다는 뜻으로, 때가 늦은 뒤에 대책을 세우거나 노력을 해야 아무 소용이 없다는 것을 이르는 말

死	後	藥	方	文
죽을 사	뒤 후	약 약	모 방	글월 문

확인학습

死	死	死	死				
죽을사							
後	後	後	後				
뒤후							
藥	藥	藥	藥				
약약							
方	方	方	方				
모방							
文	文	文	文				
글월문							

死	後	藥	方	文
死	後	藥	方	文
死	後	藥	方	文

山海珍味 산해진미

山海珍味
산 해 진 미
산과 바다에서 나는 물건으로 만든 맛이 좋은 음식을 이르는 말

山	海	珍	味
메 산	바다 해	보배 진	맛 미

확인학습

山	山	山	山				
메산							
海	海	海	海				
바다해							
珍	珍	珍	珍				
보배진							
味	味	味	味				
맛미							

山	海	珍	味				
山	海	珍	味				
山	海	珍	味				
山	海	珍	味				

森羅萬象 삼라만상

森羅萬象 삼라만상 우주에 존재하는 모든 사물과 현상을 이르는 말

森	羅	萬	象
수풀삼	벌릴라	일만만	코끼리상

확인학습

森	森	森	森				
수풀 삼							
羅	羅	羅	羅				
벌릴 라							
萬	萬	萬	萬				
일만 만							
象	象	象	象				
코끼리 상							

森	羅	萬	象				
森	羅	萬	象				
森	羅	萬	象				
森	羅	萬	象				

三尺童子 삼척동자

三尺童子 삼척동자 — 키가 석 자밖에 되지 않는 어린아이라는 뜻으로, 철모르는 어린아이를 이르는 말

三 석삼　尺 자척　童 아이동　子 아들자

 확인학습

三	三	三	三				
석삼							
尺	尺	尺	尺				
자척							
童	童	童	童				
아이동							
子	子	子	子				
아들자							

三	尺	童	子				
三	尺	童	子				
三	尺	童	子				
三	尺	童	子				

先見之明 선견지명

先見之明 선견지명 — 앞날을 내다보는 지혜를 이르는 말

先	見	之	明
먼저 선	볼 견	갈 지	밝을 명

 **확인학습**

先	先	先	先				
먼저 선							
見	見	見	見				
볼 견							
之	之	之	之				
갈 지							
明	明	明	明				
밝을 명							

先	見	之	明				
先	見	之	明				
先	見	之	明				
先	見	之	明				

束手無策 속수무책

束手無策 속수무책	손을 묶인 듯이 어찌할 방법이 없어 꼼짝 못하게 된다는 뜻으로, 뻔히 보면서 어찌할 바를 모르고 꼼짝 못한다는 뜻

束	手	無	策	束	手	無	策
묶을 속	손 수	없을 무	꾀 책				

확인학습

束	束	束	束				
묶을속							
手	手	手	手				
손수							
無	無	無	無				
없을무							
策	策	策	策				
꾀책							

束	手	無	策				
束	手	無	策				
束	手	無	策				
束	手	無	策				

袖手傍觀 수수방관

袖手傍觀 수수방관	팔짱을 끼고 곁에서 보고만 있다는 뜻으로, 간섭하거나 거들지 않고 내버려두는 것을 이르는 말

袖	手	傍	觀
소매 수	손 수	곁 방	볼 관

# 확인학습

袖	袖	袖	袖			
소매 수						
手	手	手	手			
손 수						
傍	傍	傍	傍			
곁 방						
觀	觀	觀	觀			
볼 관						

袖	手	傍	觀			
袖	手	傍	觀			
袖	手	傍	觀			
袖	手	傍	觀			

脣亡齒寒 순망치한

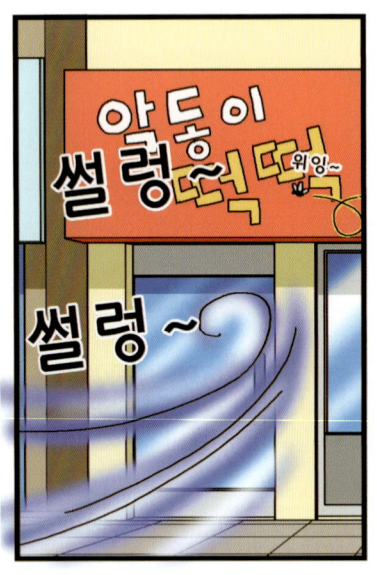

| 脣亡齒寒 순망치한 | 입술이 없으면 이가 시리다는 것을 뜻하는 말로, 한쪽이 망하면 다른 쪽도 영향을 받아 온전하기 어렵다는 것을 이르는 말 |

脣	亡	齒	寒
입술순	망할망	이치	찰한

脣 亡 齒 寒

 **확인학습**

脣	脣	脣	脣				
입술 순							
亡	亡	亡	亡				
망할 망							
齒	齒	齒	齒				
이 치							
寒	寒	寒	寒				
찰 한							

脣	亡	齒	寒				
脣	亡	齒	寒				
脣	亡	齒	寒				
脣	亡	齒	寒				

識字憂患 식자우환

識字憂患 식자우환 아는 것이 도리어 근심이 된다는 것을 이르는 말

識	字	憂	患
알 식	글자 자	근심 우	근심 환

확인학습

識	識	識	識			
알식						
字	字	字	字			
글자자						
憂	憂	憂	憂			
근심우						
患	患	患	患			
근심환						

識	字	憂	患			
識	字	憂	患			
識	字	憂	患			
識	字	憂	患			

深思熟考 심사숙고

深思熟考
심 사 숙 고   깊이 생각하고 곧 신중을 기하여 곰곰이 생각함을 이르는 말

深	思	熟	考
깊을 심	생각 사	익을 숙	생각할 고

深	思	熟	考

 **확인학습**

深 깊을심	深	深	深				
思 생각사	思	思	思				
熟 익을숙	熟	熟	熟				
考 생각할고	考	考	考				

深 思 熟 考

深 思 熟 考

深 思 熟 考

深 思 熟 考

十中八九 십중팔구

十中八九 십중팔구	열 가운데 여덟이나 아홉이 된다는 뜻으로, 거의 다 됨을 가리키는 말

十	中	八	九
열**십**	가운데**중**	여덟**팔**	아홉**구**

 확인학습

十	十	十	十				
열십							
中	中	中	中				
가운데중							
八	八	八	八				
여덟팔							
九	九	九	九				
아홉구							

十	中	八	九				
十	中	八	九				
十	中	八	九				
十	中	八	九				

我田引水 아전인수

| 我田引水 아전인수 | 자기 논에 물대기라는 뜻으로, 자기에게만 이롭게 되도록 생각하거나 행동함을 이르는 말 |

我	田	引	水
나 아	밭 전	끌 인	물 수

我 田 引 水

 확인학습

我	我	我	我				
나 아							
田	田	田	田				
밭 전							
引	引	引	引				
끌 인							
水	水	水	水				
물 수							

我	田	引	水				
我	田	引	水				
我	田	引	水				
我	田	引	水				

藥房甘草 _{약방감초}

藥房甘草
약방감초

① 한약에 감초를 넣는 경우가 많아 한약방에는 반드시 감초가 있다는 데서 유래한 것으로 어떤 일이나 빠짐없이 끼어드는 사람 ② 꼭 있어야 할 물건을 이르는 말

藥	房	甘	草
약약	방방	달감	풀초

藥	房	甘	草

확인학습

 월 일 요일

藥	藥	藥	藥				
약약							
房	房	房	房				
방방							
甘	甘	甘	甘				
달감							
草	草	草	草				
풀초							

藥	房	甘	草				
藥	房	甘	草				
藥	房	甘	草				
藥	房	甘	草				

羊頭狗肉 양두구육

羊頭狗肉 양두구육	양머리를 내걸고 개고기를 판다는 뜻으로, 겉모습은 훌륭하나 속은 변변치 못함을 이르는 말

羊 양 양 頭 머리 두 狗 개 구 肉 고기 육

확인학습

羊	羊	羊	羊				
양양							
頭	頭	頭	頭				
머리두							
狗	狗	狗	狗				
개구							
肉	肉	肉	肉				
고기육							

羊	頭	狗	肉				
羊	頭	狗	肉				
羊	頭	狗	肉				
羊	頭	狗	肉				

良藥苦口 양약고구

良藥苦口
양 약 고 구
좋은 약은 입에 쓰다는 뜻으로, 올바르고 충직한 말이 귀에는 듣기 싫으나 받아들이면 이롭다는 말

| 어질 양 | 약 약 | 쓸/괴로울 고 | 입 구 |

확인학습

良	良	良	良				
어질양							
藥	藥	藥	藥				
약약							
苦	苦	苦	苦				
쓸/괴로울고							
口	口	口	口				
입구							

良	藥	苦	口				
良	藥	苦	口				
良	藥	苦	口				
良	藥	苦	口				

漁父之利 어부지리

| 漁父之利
어부지리 | 어부의 이익을 뜻하는 말로, 두 사람이 싸우는 사이에 제삼자가 이익을 취하는 경우를 이르는 말 |

고기잡을 **어**　　아비 **부**　　갈 **지**　　이로울 **리**

 **확인학습**

漁	漁	漁	漁				
고기잡을 어							
父	父	父	父				
아비 부							
之	之	之	之				
갈 지							
利	利	利	利				
이로울 리							

漁	父	之	利				
漁	父	之	利				
漁	父	之	利				
漁	父	之	利				

言中有骨 언중유골

言中有骨 언중유골	말 속에 뼈가 있다는 뜻으로, 예사로운 말 속에 단단한 속뜻이 들어 있음을 이르는 말

言	中	有	骨
말씀 언	가운데 중	있을 유	뼈 골

확인학습

言	言	言	言				
말씀 언							
中	中	中	中				
가운데 중							
有	有	有	有				
있을 유							
骨	骨	骨	骨				
뼈 골							

言	中	有	骨				
言	中	有	骨				
言	中	有	骨				
言	中	有	骨				

易地思之 역지사지

易地思之 역지사지	남과 처지를 바꾸어서 생각해 보는 것을 이르는 말

易(바꿀 역) 地(땅 지) 思(생각 사) 之(갈 지)

 **확인학습**

易	易	易	易			
바꿀 역						
地	地	地	地			
땅 지						
思	思	思	思			
생각 사						
之	之	之	之			
갈 지						

易	地	思	之			
易	地	思	之			
易	地	思	之			
易	地	思	之			

連戰連勝 연전연승

連戰連勝 연전연승 싸움 때마다 계속하여 이김을 이르는 말

連	戰	連	勝
이을 연	싸울 전	이을 연	이길 승

확인학습

連	連	連	連			
이을 연						
戰	戰	戰	戰			
싸울 전						
連	連	連	連			
이을 연						
勝	勝	勝	勝			
이길 승						

連	戰	連	勝			
連	戰	連	勝			
連	戰	連	勝			
連	戰	連	勝			

寤寐不忘 오매불망

寤寐不忘 오매불망
자나 깨나 잊지 못하는 것을 이르는 말

寤 잠깰 오 寐 잘 매 不 아닐 불 忘 잊을 망

 **확인학습**

寤	寤	寤	寤				
잠깰오							
寐	寐	寐	寐				
잘매							
不	不	不	不				
아닐불							
忘	忘	忘	忘				
잊을망							

寤	寐	不	忘				
寤	寐	不	忘				
寤	寐	不	忘				
寤	寐	不	忘				

烏飛梨落 오비이락

| 烏飛梨落 오비이락 | 까마귀 날자 배 떨어진다는 뜻으로, 우연히 어떤 일이 발생하여 의심을 받는 것을 이르는 말 |

烏	飛	梨	落	烏	飛	梨	落
까마귀오	날비	배나무이	떨어질락				

확인학습

烏	烏	烏	烏					
까마귀 오								
飛	飛	飛	飛					
날 비								
梨	梨	梨	梨					
배나무 이								
落	落	落	落					
떨어질 락								

烏	飛	梨	落					
烏	飛	梨	落					
烏	飛	梨	落					
烏	飛	梨	落					

吳越同舟 오월동주

吳越同舟 오월동주	오나라 사람과 월나라 사람이 한 배를 탄다는 뜻으로, 사이가 나쁜 사람도 어려움을 당하면 협력한다는 것을 이르는 말

吳	越	同	舟
나라이름/성오	넘을월	한가지동	배주

 ## 확인학습

吳	吳	吳	吳			
나라이름/성오						
越	越	越	越			
넘을월						
同	同	同	同			
한가지동						
舟	舟	舟	舟			
배주						

吳	越	同	舟			
吳	越	同	舟			
吳	越	同	舟			
吳	越	同	舟			

74 溫故知新 온고지신

溫故知新 온고지신 옛것을 익히고 그것을 미루어 새로운 것을 안다는 것을 이르는 말

溫	故	知	新
따뜻할 온	옛/연고 고	알 지	새 신

溫故知新

 확인학습

溫	溫	溫	溫				
따뜻할온							
故	故	故	故				
옛/연고고							
知	知	知	知				
알지							
新	新	新	新				
새신							

溫	故	知	新				
溫	故	知	新				
溫	故	知	新				
溫	故	知	新				

外柔內剛 외유내강

外柔內剛 외유내강 겉으로 보기에는 부드러우나 속은 꿋꿋하고 강함을 나타내는 말

外	柔	內	剛
바깥 **외**	부드러울 **유**	안 **내**	굳셀 **강**

 **확인학습**

外	外	外	外			
바깥 외						
柔	柔	柔	柔			
부드러울 유						
內	內	內	內			
안 내						
剛	剛	剛	剛			
굳셀 강						

外	柔	內	剛			
外	柔	內	剛			
外	柔	內	剛			
外	柔	內	剛			

窈窕淑女 요조숙녀

窈窕淑女 요조숙녀 말과 행동이 얌전한 여자를 이르는 말

窈	窕	淑	女
고요할 요	으늑할 조	맑을 숙	계집 녀

窈	窕	淑	女

 ## 확인학습

窈 窈 窈 窈
고요할 요

窕 窕 窕 窕
으늑할 조

淑 淑 淑 淑
맑을 숙

女 女 女 女
계집 녀

窈 窕 淑 女
窈 窕 淑 女
窈 窕 淑 女
窈 窕 淑 女

右往左往 우왕좌왕

右往左往
우왕좌왕   이리저리 왔다갔다하여 일어나 나아가는 방향을 종잡지 못함을 이르는 말

右	往	左	往
오른쪽 우	갈 왕	왼 좌	갈 왕

확인학습

右	右	右	右				
오른쪽 우							
往	往	往	往				
갈 왕							
左	左	左	左				
왼 좌							
往	往	往	往				
갈 왕							

右	往	左	往				
右	往	左	往				
右	往	左	往				
右	往	左	往				

雨後竹筍 우후죽순

雨後竹筍 우후죽순 : 비 온 뒤에 돋는 죽순이 돋아나는 것과 같이 어떤 일이 일시에 많이 일어나는 것을 이르는 말

雨	後	竹	筍
비우	뒤후	대죽	죽순순

 **확인학습**

雨	雨	雨	雨				
비우							
後	後	後	後				
뒤후							
竹	竹	竹	竹				
대죽							
筍	筍	筍	筍				
죽순순							

雨	後	竹	筍				
雨	後	竹	筍				
雨	後	竹	筍				
雨	後	竹	筍				

有口無言 유구무언

有口無言
유구무언
입은 있어도 말이 없다는 뜻으로, 변명할 말이 없거나 변명을 못함을 이르는 말

有	口	無	言
있을유	입구	없을무	말씀언

 확인학습

有	有	有	有				
있을유							
口	口	口	口				
입구							
無	無	無	無				
없을무							
言	言	言	言				
말씀언							

有	口	無	言
有	口	無	言
有	口	無	言
有	口	無	言

有備無患 유비무환

有備無患
유비무환   미리 준비하면 나중에 어려움을 당하지 않는다는 것을 이르는 말

有	備	無	患
있을 유	갖출 비	없을 무	근심 환

 **확인학습**

有	有	有	有			
있을유						
備	備	備	備			
갖출비						
無	無	無	無			
없을무						
患	患	患	患			
근심환						

有	備	無	患			
有	備	無	患			
有	備	無	患			
有	備	無	患			

一魚濁水 일어탁수

一魚濁水
일어탁수
한 마리의 물고기가 물을 흐린다는 뜻으로, 한 사람의 잘못으로 여러 사람이 피해를 입게 됨을 이르는 말

一	魚	濁	水
한일	고기어	흐릴탁	물수

확인학습

一	一	一	一			
한일						
魚	魚	魚	魚			
고기어						
濁	濁	濁	濁			
흐릴탁						
水	水	水	水			
물수						

一	魚	濁	水			
一	魚	濁	水			
一	魚	濁	水			
一	魚	濁	水			

一場春夢 일장춘몽

一場春夢
일장춘몽
한바탕의 봄꿈처럼 헛된 영화나 덧없는 일이란 뜻으로, 인생의 허무함을 비유하여 이르는 말

一	場	春	夢
한일	마당장	봄춘	꿈몽

一	場	春	夢

 ## 확인학습

一	一	一	一			
한일						
場	場	場	場			
마당장						
春	春	春	春			
봄춘						
夢	夢	夢	夢			
꿈몽						

一	場	春	夢			
一	場	春	夢			
一	場	春	夢			
一	場	春	夢			

一攫千金 일확천금

一攫千金
일확천금
단번에 천금을 움켜쥔다는 뜻으로, 힘들이지 아니하고 단번에 많은 재물을 얻음을 이르는 말

一	攫	千	金
한 일	움킬 확	일천 천	쇠 금

확인학습

一	一	一	一				
한일							
攫	攫	攫	攫				
움킬확							
千	千	千	千				
일천천							
金	金	金	金				
쇠금							

一	攫	千	金				
一	攫	千	金				
一	攫	千	金				
一	攫	千	金				

臨戰無退 임전무퇴

臨戰無退
임전무퇴   세속오계의 하나. 전쟁에 나아가서는 물러서지 않음을 이르는 말

臨	戰	無	退
임할 임	싸움 전	없을 무	물러날 퇴

臨	戰	無	退

확인학습

臨	臨	臨	臨				
임할 **임**							
戰	戰	戰	戰				
싸움 **전**							
無	無	無	無				
없을 **무**							
退	退	退	退				
물러날 **퇴**							

臨	戰	無	退				
臨	戰	無	退				
臨	戰	無	退				
臨	戰	無	退				

自繩自縛 자승자박

自繩自縛 자승자박	자신이 꼰 노끈에 자신이 묶인다는 뜻으로, 자신이 한 말과 행동에 자신이 속박 당하여 고통을 겪는다는 것을 이르는 말

自	繩	自	縛
스스로 자	노끈 승	스스로 자	얽을 박

확인학습

自 스스로자

繩 노끈승

自 스스로자

縛 얽을박

自繩自縛

自中之亂 자중지란

自中之亂 자중지란	같은 편끼리 싸우는 것을 이르는 말

自 스스로 자 中 가운데 중 之 갈 지 亂 어지러울 란

 **확인학습**

自	自	自	自			
스스로자						
中	中	中	中			
가운데중						
之	之	之	之			
갈지						
亂	亂	亂	亂			
어지러울란						

自	中	之	亂			
自	中	之	亂			
自	中	之	亂			
自	中	之	亂			

自畵自讚 자화자찬

自畵自讚 자화자찬	자신의 그림을 스스로 칭찬한다는 뜻으로, 자신이 한 일과 행동을 스스로 칭찬함을 이르는 말

自	畵	自	讚
스스로 자	그림 화	스스로 자	기릴 찬

 **확인학습**

自	自	自	自			
스스로자						
畵	畵	畵	畵			
그림화						
自	自	自	自			
스스로자						
讚	讚	讚	讚			
기릴찬						

自	畵	自	讚			
自	畵	自	讚			
自	畵	自	讚			
自	畵	自	讚			

賊反荷杖 적반하장

| 賊反荷杖 적반하장 | 도둑이 몽둥이를 든다는 뜻으로, 잘못한 사람이 도리어 잘한 사람을 나무라는 경우에 이르는 말 |

賊	反	荷	杖
도둑 적	돌이킬 반	멜 하	지팡이 장

賊	反	荷	杖

확인학습

賊	賊	賊	賊			
도둑적						
反	反	反	反			
돌이킬반						
荷	荷	荷	荷			
멜하						
杖	杖	杖	杖			
지팡이장						

賊	反	荷	杖			
賊	反	荷	杖			
賊	反	荷	杖			
賊	反	荷	杖			

適材適所 적재적소

適材適所 적재적소 — 적절한 자리에 적절한 인재를 앉히는 것을 이르는 말

適	材	適	所
맞을 적	재목 재	맞을 적	바 소

 **확인학습**

適	適	適	適				
맞을적							
材	材	材	材				
재목재							
適	適	適	適				
맞을적							
所	所	所	所				
바소							

適	材	適	所				
適	材	適	所				
適	材	適	所				
適	材	適	所				

前無後無 전무후무

前無後無
전무후무 — 전에도 없었고 앞으로도 있을 수 없음을 이르는 말

前	無	後	無
앞 전	없을 무	뒤 후	없을 무

확인학습

前	前	前	前			
앞 전						
無	無	無	無			
없을 무						
後	後	後	後			
뒤 후						
無	無	無	無			
없을 무						

前	無	後	無			
前	無	後	無			
前	無	後	無			
前	無	後	無			

轉禍爲福 전화위복

轉禍爲福 전화위복	화가 바뀌어 복이 된다는 뜻으로, 불행한 일이라도 꾸준히 노력하면 행복으로 바뀔 수 있다는 것을 이르는 말

轉	禍	爲	福
구를전	재앙화	하위	복복

 ## 확인학습

轉	轉	轉	轉			
구를전						
禍	禍	禍	禍			
재앙화						
爲	爲	爲	爲			
하위						
福	福	福	福			
복복						

轉	禍	爲	福			
轉	禍	爲	福			
轉	禍	爲	福			
轉	禍	爲	福			

切齒腐心 절치부심

切齒腐心 절치부심 : 분해서 이를 갈면서 속을 썩이는 것을 이르는 말

切	齒	腐	心
끊을 절	이 치	썩을 부	마음 심

 확인학습

切	切	切	切				
끊을절							
齒	齒	齒	齒				
이치							
腐	腐	腐	腐				
썩을부							
心	心	心	心				
마음심							

切	齒	腐	心				
切	齒	腐	心				
切	齒	腐	心				
切	齒	腐	心				

井底之蛙 정저지와

井底之蛙 정 저 지 와 우물 안 개구리란 뜻으로, 소견이 좁은 사람을 이르는 말

井	底	之	蛙
우물정	밑저	갈지	개구리와

확인학습

井	井	井	井				
우물정							
底	底	底	底				
밑저							
之	之	之	之				
갈지							
蛙	蛙	蛙	蛙				
개구리와							

井	底	之	蛙				
井	底	之	蛙				
井	底	之	蛙				
井	底	之	蛙				

朝三暮四 조삼모사

朝三暮四 조삼모사	간사한 꾀로 남을 속여 희롱함을 이르는 말. 중국 송나라의 저공의 고사로, 먹이를 아침에 세 개, 저녁에 네 개를 주겠다는 말에 원숭이들이 적다고 화를 내더니 아침에 네 개, 저녁에 세 개씩을 주겠다는 말에 좋아하였다는 데서 유래

朝	三	暮	四	朝	三	暮	四
아침조	석삼	저물모	넉사				

확인학습

朝	朝	朝	朝			
아침조						
三	三	三	三			
석삼						
暮	暮	暮	暮			
저물모						
四	四	四	四			
넉사						

朝	三	暮	四			
朝	三	暮	四			
朝	三	暮	四			
朝	三	難	四			

坐井觀天 좌정관천

坐井觀天 좌정관천 우물 속에 앉아서 하늘을 본다는 뜻으로, 사람의 견문이 매우 좁음을 이르는 말

坐	井	觀	天	坐	井	觀	天
앉을 좌	우물 정	볼 관	하늘 천				

 **확인학습**

坐	坐	坐	坐				
앉을**좌**							
井	井	井	井				
우물**정**							
觀	觀	觀	觀				
볼**관**							
天	天	天	天				
하늘**천**							

坐	井	觀	天				
坐	井	觀	天				
坐	井	觀	天				
坐	井	觀	天				

走馬看山 주마간산

走馬看山
주마간산
달리는 말에서 산의 경치를 본다는 뜻으로, 겉만 보고 속에 담긴 내용은 자세히 살펴보지 않는 것을 이르는 말

走	馬	看	山
달릴주	말마	볼간	메산

 확인학습

走	走	走	走					
달릴주								
馬	馬	馬	馬					
말마								
看	看	看	看					
볼간								
山	山	山	山					
메산								

走	馬	看	山					
走	馬	看	山					
走	馬	看	山					
走	馬	看	山					

衆寡不敵 중과부적

衆寡不敵 중과부적 적은 수로 많은 수를 대적하지 못한다는 것을 이르는 말

衆	寡	不	敵
무리 **중**	적을 **과**	아닐 **부**	대적할 **적**

 확인학습

衆	衆	衆	衆			
무리중						
寡	寡	寡	寡			
적을과						
不	不	不	不			
아닐부						
敵	敵	敵	敵			
대적할적						

衆	寡	不	敵			
衆	寡	不	敵			
衆	寡	不	敵			
衆	寡	不	敵			

至誠感天 지성감천

至誠感天 지성감천: 정성이 지극하면 하늘도 감동한다는 뜻으로, 무슨 일에든 정성을 다하면 아주 어려운 일도 순조롭게 풀리어 좋은 결과를 맺는다는 말

至	誠	感	天
이를 지	정성 성	느낄 감	하늘 천

 **확인학습**

至 이를지	至	至	至			
誠 정성성	誠	誠	誠			
感 느낄감	感	感	感			
天 하늘천	天	天	天			

至	誠	感	天			
至	誠	感	天			
至	誠	感	天			
至	誠	感	天			

知彼知己 지피지기

知彼知己 지 피 지 기	적을 알고 나를 알아야 한다는 뜻으로, 상대방의 사정도 잘 아는 동시에 자신의 사정도 잘 헤아림을 이르는 말

知	彼	知	己
알지	저피	알지	몸기

 **확인학습**

知	知	知	知				
알지							
彼	彼	彼	彼				
저피							
知	知	知	知				
알지							
己	己	己	己				
몸기							

知	彼	知	己				
知	彼	知	己				
知	彼	知	己				
知	彼	知	己				

天高馬肥 천고마비

天高馬肥 천고마비 하늘은 높고 말이 살찐다는 뜻으로, 오곡백과가 무르익는 가을을 이르는 말

 ## 확인학습

天	天	天	天				
하늘천							
高	高	高	高				
높을고							
馬	馬	馬	馬				
말마							
肥	肥	肥	肥				
살찔비							

天	高	馬	肥				
天	高	馬	肥				
天	高	馬	肥				
天	高	馬	肥				

01 千載一遇 천재일우

千載一遇 천재일우 — 천 년에 한 번 만난다는 뜻으로, 좀처럼 만나기 어려운 좋은 기회를 이르는 말

千	載	一	遇
일천천	실을재	한일	만날우

 **확인학습**

千	千	千	千				
일천 천							
載	載	載	載				
실을 재							
一	一	一	一				
한 일							
遇	遇	遇	遇				
만날 우							

千	載	一	遇				
千	載	一	遇				
千	載	一	遇				
千	載	一	遇				

七顛八起 칠전팔기

七顛八起 칠전팔기	일곱 번 넘어져도 여덟 번째 일어난다는 뜻으로, 여러 번 실패하여도 굴하지 아니하고 꾸준히 노력함을 이르는 말

일곱 **칠** / 엎드러질 **전** / 여덟 **팔** / 일어날 **기**

확인학습

七	七	七	七			
일곱 **칠**						
顚	顚	顚	顚			
엎드러질 **전**						
八	八	八	八			
여덟 **팔**						
起	起	起	起			
일어날 **기**						

七	顚	八	起			
七	顚	八	起			
七	顚	八	起			
七	顚	八	起			

快刀亂麻 쾌도난마

快刀亂麻 쾌도난마 : 잘 드는 칼로 마구 헝클어진 삼 가닥을 자른다는 뜻으로, 어지럽게 뒤얽힌 사물을 강력한 힘으로 명쾌하게 처리함을 이르는 말

快	刀	亂	麻	快	刀	亂	麻
쾌할쾌	칼도	어지러울난	삼마				

 **확인학습**

快	快	快	快				
쾌할**쾌**							
刀	刀	刀	刀				
칼**도**							
亂	亂	亂	亂				
어지러울**난**							
麻	麻	麻	麻				
삼**마**							

快	刀	亂	麻				
快	刀	亂	麻				
快	刀	亂	麻				
快	刀	亂	麻				

104 貪官汚吏 탐관오리

貪官汚吏 탐관오리	욕심이 많고 부패한 관리를 이르는 말

貪(탐낼 탐) 官(벼슬 관) 汚(더러울 오) 吏(벼슬아치 리)

 **확인학습**

貪	貪	貪	貪			
탐낼**탐**						
官	官	官	官			
벼슬**관**						
汚	汚	汚	汚			
더러울**오**						
吏	吏	吏	吏			
벼슬아치**리**						

貪	官	汚	吏			
貪	官	汚	吏			
貪	官	汚	吏			
貪	官	汚	吏			

兎死狗烹 토사구팽

兎死狗烹
토 사 구 팽

토끼가 죽으면 토끼를 잡던 사냥개도 필요 없게 되어 주인에게 삶아 먹히게 된다는 뜻으로, 필요할 때는 쓰고 필요 없을 때는 야박하게 버리는 경우를 이르는 말

兎	死	狗	烹
토끼**토**	죽을**사**	개**구**	삶을**팽**

 **확인학습**

兎	兎	兎	兎				
토끼**도**							
死	死	死	死				
죽을**사**							
狗	狗	狗	狗				
개**구**							
烹	烹	烹	烹				
삶을**팽**							

兎	死	狗	烹				
兎	死	狗	烹				
兎	死	狗	烹				
兎	死	狗	烹				

表裏不同 표리부동

表裏不同 표리부동	겉과 속이 같지 않음이란 뜻으로, 마음이 음흉맞아서 겉과 속이 다름을 나타내는 말

表	裏	不	同
겉표	속리	아닐부	한가지동

 확인학습

表	表	表	表				
겉표							
裏	裏	裏	裏				
속리							
不	不	不	不				
아닐부							
同	同	同	同				
한가지동							

表	裏	不	同				
表	裏	不	同				
表	裏	不	同				
表	裏	不	同				

鶴首苦待 학수고대

鶴首苦待 학수고대 학의 목처럼 길게 늘여 기다린다는 뜻으로, 몹시 기다림을 이르는 말

鶴	首	苦	待
학학	머리수	쓸고	기다릴대

확인학습

鶴	鶴	鶴	鶴					
학학								
首	首	首	首					
머리수								
苦	苦	苦	苦					
쓸고								
待	待	待	待					
기다릴대								

鶴	首	苦	待					
鶴	首	苦	待					
鶴	首	苦	待					
鶴	首	苦	待					

虛心坦懷 허심탄회

虛心坦懷
허심탄회   품은 생각을 터놓고 말할 만큼 아무 거리낌이 없고 솔직함을 이르는 말

虛	心	坦	懷
빌 허	마음 심	평탄할 탄	품을 회

# 확인학습

虛	虛	虛	虛					
빌 허								
心	心	心	心					
마음 심								
坦	坦	坦	坦					
평탄할 탄								
懷	懷	懷	懷					
품을 회								

虛	心	坦	懷					
虛	心	坦	懷					
虛	心	坦	懷					
虛	心	坦	懷					

賢母良妻 현모양처

賢母良妻
현 모 양 처   어진 어머니이면서 착한 아내를 이르는 말

賢	母	良	妻	賢	母	良	妻
어질현	어미모	어질양	아내처				

확인학습

賢	賢	賢	賢				
어질현							
母	母	母	母				
어미모							
良	良	良	良				
어질양							
妻	妻	妻	妻				
아내처							

賢	母	良	妻
賢	母	良	妻
賢	母	良	妻
賢	母	良	妻

螢雪之功 형설지공

螢雪之功
형설지공
반딧불과 눈(雪)의 빛으로 공부한 공(功)을 뜻하는 말로, 온갖 고생 속에서 부지런히 공부하여 좋은 결과를 얻는 것을 이르는 말

螢	雪	之	功
반딧불형	눈설	갈지	공공

확인학습

螢	螢	螢	螢			
반딧불 형						
雪	雪	雪	雪			
눈 설						
之	之	之	之			
갈 지						
功	功	功	功			
공 공						

螢	雪	之	功			
螢	雪	之	功			
螢	雪	之	功			
螢	雪	之	功			

虎死留皇 호사유피

虎死留皮 호사유피	호랑이는 죽어서 가죽을 남긴다는 뜻으로, 사람은 죽어서 명예를 남겨야 함을 이르는 말

虎	死	留	皮
범호	죽을사	머무를유	가죽피

확인학습

虎	虎	虎	虎			
범호						
死	死	死	死			
죽을사						
留	留	留	留			
머무를유						
皮	皮	皮	皮			
가죽피						

虎	死	留	皮			
虎	死	留	皮			
虎	死	留	皮			
虎	死	留	皮			

紅一點 홍일점

紅一點
홍일점

① 푸른 잎 가운데 한 송이 꽃이 피어 있다는 뜻으로, 여럿 속에서 오직 하나 이채(異彩)를 띠는 것 ② 많은 남자들 사이에 끼어 있는 한 사람의 여자를 가리키는 말

紅	一	點
붉을 홍	한 일	점 점

紅	一	點

 **확인학습**

紅	紅	紅	紅				
붉을 홍							
一	一	一	一				
한 일							
點	點	點	點				
점 점							

紅 一 點

紅 一 點

紅 一 點

紅 一 點

紅 一 點

畵中之餅 화중지병

畵中之餅
화중지병
① 그림 속의 떡이란 뜻으로, 실속 없는 일에 비유하는 말
② 보기만 했지 실제로 있을 수 없음을 이르는 말

畵	中	之	餠
그림 화	가운데 중	갈 지	떡 병

 **확인학습**

畵	畵	畵	畵			
그림화						
中	中	中	中			
가운데중						
之	之	之	之			
갈지						
餠	餠	餠	餠			
떡병						

畵	中	之	餠			
畵	中	之	餠			
畵	中	之	餠			
畵	中	之	餠			

厚顔無恥 후안무치

厚顔無恥
후안무치
얼굴이 두꺼워 뻔뻔스럽고 부끄러움을 모르는 것을 이르는 말

厚	顔	無	恥
두터울 후	낯 안	없을 무	부끄러울 치

# 확인학습

厚	厚	厚	厚				
두터울 후							
顔	顔	顔	顔				
낯 안							
無	無	無	無				
없을 무							
恥	恥	恥	恥				
부끄러울 치							

厚	顔	無	恥				
厚	顔	無	恥				
厚	顔	無	恥				
厚	顔	無	恥				